Cp commence le traittie intitule les euuangiles des que
noilles faittes a lonneur ⁊ exaucement des dames.

Maintes gens sont au iour dhuy qui alleguent et auc
torisent leurs parolles et raisons par les euuangil
les des quenouilles qui gaires ne sceuent de quele importance
et auctorite elles sont ne qui en furent les sages, doctoresses et
premieres inuenteresses. Et aincoires qui pis est les alleguent
plus par derrision et en mocquerie quilz ne font par affection
qlz ayent a la grande substance quelles contiennent. Et ce font
ilz tousiours en lamoindrissement et rebutement des dames
dont cest pechie et grant honte pour ceulx qui ainsy le font.
Car ilz ygnorent la grande noblesse des dames, et les grans
biens qui delles procedent. Car pour ce que la premiere fem
me fut faitte et cree en lieu hault et noble plaise net et pur air
pour ce sont toutes femmes natutelement nobles, nettes, dou
ces, courtoises, et plaines desperit legier et inuentif et si tress
soubtil: que abien peu dayde elles sceuent pluiseurs choses
auenir. Car les passeez et presentes sceuent de leurs ppre na
ture selon les coniectures et dispositions des temps des personnes
des auguremens des oyseaux et des bestes et brief de toutes au
tres creatures comme il apperra ou proces de ce liure. Or est
ainsi doncques que pour obuier a teles iniures et teles mocque
ries mettre a neant et y contraire exauchier les dames et leurs
euuangiles verifier: ie qui de piece et mesmes des mon enfance
ce ay este leur humble serf et seruiteur, et dont des biens que
delles ay receus asses ne me sauroie loer, ie a la requeste dau
cunes mes treschieres, ay comme cy apres porres veoir mis
par escript et en ordre ce petit traittie qui contient en soyle tex
te des euuangiles des quenouilles ensemble pluiseurs gloses
et coustilles pradioustees et esclarcies p aucunes sages dames

desqueles les noms seront cy ensiuuant mis et escrips.

¶ Les noms des dames qui firent le texte des euuangiles des
quenoilles.

Pour entammer doncques ceste euure il est tout notoire a
tous bons et vrais catholiques que pour mettre et re/
digier par escript a la memoire perpetuele des crestiens les fai/
tes et vraies parolles, ensambles les vertueuses euures et fai/
de nre benoit sauueur et redempteur ihesus crist, et de ses sains
apostres, furent esleus quatre preudhommes dentre culx plais
de verite et vertus pour faire cestui sainct mistere qui se nom/
ment euuangiles par les escriptures lesqueles la vraye et sain/
te foy catholique est tenue, enluminee et corroboree, et sera ius
ques en la fin des siecles. A samblable doncques pour veri/
fier et mettre en en auant les parolles et auctorites des femmes
de iadis, affin aussi de les nom perdre ne telement euanouyr
que la memoire ne puisse estre fresche et recente entre celles du
temps present et de cellui ont este trouuees six matrones sages
et prudentes pour reciter et lire lesdittes euuangiles des que/
nouilles en la maniere que cy apres sera declairie. Et pour ce
que en tout tesmoingnage de verite il conuient trois femmes
pour de deux hommes: pour faire et acomplir doncques le nom
bre desdis quatre euuangelistes il a conuenu que six femmes
aient este empeschiez de faire cestui euure pour plusgrande ap/
probacion de verite. desqueles les noms sensuiuent. La pre/
miere fut nommee dame psengriue du glap. La seconde es/
oit appellee dame transeline du crocq. La tierce eut nom da/
me abonde du four. La quarte fut appellee dame sebile des
mares. La quinte eut nom dame gomberde la faee. Et la
sixiesme eut nom dame berthe de corne. Ces six dames furent
si tresfaiges en leur temps que se ce eust este pour coniurer vn
bleu dyable ou pour le loger dessus vn coussin: si estoient elles

affe3 expertes et habilles.

¶Qui fut la premiere femme qui mist auant ces euuangiles.
Et comment le composeur de ce liure fut constraint de faire cest
euure

Selon ce que ie treuue es anciens regiftres ces euual/
giles furent cômencees des les premiers et second ea/
ges du monde ou temps que regnoit le fort et puiffant roy zo/
roaftes qui fut le premier qui trouua lart de nygromancie, de
laquele art il monftra et enseigna partie a la royne sa femme
nommee hermofrodita. et laquele depuis fist de braux princpes
pour le commencement de ces euuangiles. mais elles ne furêt
de son temps acheuees. ains dage en eage, et de siede en sie/
de elles ont este multipliees, et par legiers efpris infufes es
corages des prudentes femmes chafcunes en son temps selon
les auguremens et fignes quelles pouoient conceuoir et veoir
tant en la terre comme en lair. ¶ Et depuis ce temps na este
aincoires aucun, voire que iaye fceu ne qui soit venu a ma
congnoiffance qui ait volu prendre la paine d. les mettre par
efcript ou en regiftre, au moins le tout, ne par ordre, mais ce
tant pou que fait en a efte, ce a efte confufiblement et par pie/
ces puis cy puis la fans tenir aucû ordre. et aincoires ce q fait
en a efte, ca efte plus par derrifion et mocquerie que autremêt
et toutesfois elles ne deffaillent pas de grant miftere. Et pour
vous donner a cognoiftre comment ie suis venu en cefte trme/
raire et presumptueufe hardieffe et outrecuidance que de vo/
loir efcripre et mettre par ordre cest euure: il est verite que vn
soir apres souper, pour cause desbat et de paffetemps, es lon/
ges nuis entre le noel et la chandeleur derrain paffe, ie me
trafportay en loftel dune affe3 ancienne damoiffelle affe3 pres
ma voisine ou iauoye acouftume daler souuent deuiser, car
pluiseurs des voisines denuiron venoient illec filer et deuiser

de pluiseurs menus et ioyeux propos dont ie prenoie grant
soulas et plaisir. mais pour ceste fois estoient illec les six dames assamblees qui moult fort estoient empeschies de diuerses
raisons / et souuent de la grant haste quelles auoient de dire
leurs propos : elles anticipoient lune lautre et parloient toutes
ensemble . ¶ Moy aucunement honteux de ceste ma soudaine
auenue entrelles / me voulz retraire arriere et pris congie delles en moy deportant dillec. Mais soudainement ie fus delles
rappelles et de fait arrestes par la robe p[ar] lune delles dont moitie force moitie requeste ie retournay et massiz entrelles. et leur
priay moult humblement quelles me pardonnaissent de ce que
si francement et si baudement me estoie embatus entre elles .
¶ Lune prist la parolle pour toutes les autres . et me dist que
vrayement ie leur estoie le tresbien venus et le mieulx q[ue] homme quelles sceussent en ce monde. et quil leur sembloit que di
mauoit illec amene pour estre en leur ayde attendu le ... en
quoy elles estoient pour ceste heure occuppees et empeschies / et
que mieulx leur dresscheroie leur euure et concept veu que autreffois en autres matieres auoie escript des dames fort a leur
honneur . et aincoires de present me prioient que le pareil
voulsisse faire a cestui leur tresgrant besoing / et elles en temps
opportun par elles ou par leurs successeurs me feroient telle re-
muneracion que iusques a souffire / me priant en oultre que
voulsisse entreprendre de mettre par escript vn petit volume
qui pour son nom prenderoit. Les euuangiles des quenoilles
en memoire et souuenance perpetuele delles / et a ladresschemet
de toutes celles qui vendroient . Moy aucunemet honteux de
la loenge quelles me donnoient me cuiday excuser. mais tantost ie fus sy anticipes de parolles / et de diuerses raisons en-
ueloppes: que tout confus me conuint entreprendre ceste charge . En laquele sil ya a redire ou aucune faulte / ou mauuais
entendement : ie vous supplie le me pardonner / et ladicte faul-

te imputer a celles qui par si tresgrant haste le me disoient :
que loisir ne temps nauoie aucuneffois les bien entendre, ne
ma main qui p vieillesse est deuenue pesante, et mes peulx ob ⸗
nubiles ne les pouoient si hastiuement comprendre ne sceuir
si tost quelles eussent bien volu. Ceste charge donccques par
moy ainsi prise les dames me remercierent grandement, et
prindrent iour entrelles et heure de retourner le lendemain a ⸗
pres soup. Et me chargierent q̃ auec moy aportaisse large ⸗
ment papier et enclre et plumes car elles vouloient determi ⸗
ner de haultes besoingnes.

¶ Lordonnance de cestui liure mise en termes par dame psen ⸗
gune.

Lendemain a heure assignee ie furny de mes agoubil ⸗
les me trouuay ou lieu assigne ouquel estoient desia
assamblees les six dames qui apres moy attendoient. Et elles
de ma venue ioyeuses comme par samblance elles demon ⸗
stroient, apres quelles me eurent prepare mon lieu pour a mõ
aise opr et escripre leurs oppinions et doctrines : lune delles et
la plus ancienne nommee, dame psengune du glap : com ⸗
menca a parler apres licence obtenue des autres ses compai ⸗
gnes les parolles qui sensuiuent. Mes treschieres voisines
et compaignes en ceste vocacion vous voyez, et aussi il est
tout notoire comment les hommes du temps present ne ces ⸗
sent de escripre et faire libelles diffamatoires et liures contagi ⸗
eux poingnans lonneur de nostre sexe. Et touteffois attendu
que eux et nous sommes fais tous dun ouurier descendans lun
de lautre. Et encoires puis que dire le me conuient, sommes
venues et descendues de plus hault et plusnoble lieu quilz ne
sont, et faittes de matiere plus nette et plus clarifiee que eux : il
mest auis a correction de vous touttes que bon seroit que a lay ⸗
de de cestui nostre secretaire et amy nous feissons vn petit trait ⸗

tie des chapp.tres que volons tenir / et mettre par ordre / les/
quelz de pieca de noz grandes et anciennes meres ont este trou/
uees affin de les non mettre en oubliance et quil puisse venir
entre les mains de celles qui aincoires sont a a venir. Lequel
traittie contendra les chappitres des euuangiles des quenoil/
les / ensemble les gloses que aucunes sages et prudentes ma/
trones y ont adiouste et aincoires feront en multipliãt le tex/
te. ¶ Et pour entrer en la matiere et mettre ordre en nostre com/
mencement vous saue3 quilz sont six iours ouuriers en la sep/
maine et nous sommes six qui auons empris ceste besoingne /
et qui auons veu et oy recorder par noz anciennes pluiseurs
choses des viel et nouuel testament / et pluiseurs vraies et bon/
nes auctorite3. Si mest auis en conclusion quil seroit bon que
a lundy prochain venant nous assamblissons en loftel de ma/
roie ploparde ou len a accoustume de tenir la serie / enuiron
sept heures du vespre / et illec se cest vostre auis lune de nous
commencera sa lecture / et ses chappitres recitera en la pre /
sence de toutes celles qui illec seront assamblees pour les tenir
et mettre en perpetuele memoire . ¶ Les assistentes tantost et
sans autre deliberacion dirent toutes a vne voix que dame p/
sengrine auoit tresbien dit. Et de fait lui prierent quelle voul/
sist entreprendre ceste charge de lire la premiere pour ce lun /
dy a leure assignee / et elles sans aucune faulte y seroient et sy
prieroient aucunes de leurs voisines vielles et iones pour
mieulx auctorisier leur chappitre . Ceste charge prist moult
volentiers dame psengrine et dist quelle en feroit son mieulx
En ce disant elle se tourna vers moy et moult amoureusement
me requist que son secretaire voulsisse estre / et pareillement
de toutes les autres . et quelles me feroient guerredonner par
aucunes delles des plusiones et a mon chois / duquel guerre /
don ie le remercie / et dont desia ie me tiens pour content.

¶ Lordonance de la premiere iournee . et de la descripcion de
dame pserengrine du glay et qui elle fut .

Le lundy au soir enuiron entre sept et huit heures a /
pres souper sassemblerent lesdites six dames / ensem /
bles toutes les voisines qui accoustume auoient dy venir et
psuiseurs autres qui y furent inuitees qui aincoires ny auoiet
este pour oyr le mistere que illec faire se deuoit / dame psen /
grine du glay y vint acompaignie de pluiseurs de sa congnoif
sance qui toutes apporterent leurs quenoilles / lin / fuiseaux /
estandars / happles / et toutes agoubilles seruans a leur art .
Et brief ce sembloit a veoir vn droit marchie ou len ne ven /
doit que parolles et raisons a diuers propos de pou deffect / et
de petite valeur . ¶ Le siege de dame pserengrine estoit prepare
a vn coste vn pou plushault des autres / et le mien decoste elle
deuant moy vn rondeau ou estoit assise vne lampe doile pour
enluminer sur mon euure / et toutes les assistentes auoient tour/
ne leurs visages ou regart de dame pserengrine Laquele apres
licence obtenue commenca a parler en ceste maniere . Mais a/
uant que ie commence escripre ses chappitres ie vous vueil re/
citer lestat / et la genealogie delle . ¶ Dame pserengrine estoit
eagie de .lxv. ans ou enuiron / telle femme auoit este en son temps
mais elle estoit deuenue fort ridee . les peulx auoit enfonsses
et le bouce grande et large / cinq maris auoit eu / sans les a/
cointes de coste . Elle se messoit en sa viellesse de receuoir les
enfans nouuellement nes . mais en sa ionesse elle receuoit les
grans enfans . moult experte fut en pluiseurs ars . Son mari
estoit asses ione duquel elle estoit fort ialouse / et dont elle fai/
soit souuent grandes complaintes a ses voisines . Touttffois
licence comme dit est obtenue / elle commenca son euuangille
et prist son theume sur son mari en bongnant et dist

Mes bonnes copaignes et voi sines il nest aucune de vous qui ne sace que ie prins mon mari ios selin plus pour par sa beaute que pour sa richesse car poure compai gnon estoit. Et vela ie ne le vep ne hier ne au iour dhup dont iap grant doleur au cuer. Et cer tes ila grant marchie des biens que mes maris ses predecesseurs ont pardeuant a grande paine et doleur assemblez ie croy que ce sera ma mort.

Et a ce propos et pour premier chappitre ie dp pour aussp vrap comme euuangile que lomme qui despent induement les biens qui lui viennent de par sa femme et sans son gre et congie il en ren dera conte deuant dieu comme de chose emblee. Glose. Sur ce chap pitre dist one ancienne matrone nommee guele femme de iehan ioquesus. Certes cellui mari qui fait contre ce chappitre est mis a pres sa mort ou purgatoire des mauuais maris en vn baing plai de soulphre ardant. sil na faitte sa penitance en ce monde par les hospitaux.

Le second chappitre.
Il nest riens plus certain que le mari qui va au contraire de ce que sa femme lui conseille et veut faire et qui la contredist de chose quelle dpe il est faulx et desloyal pariur. Glose. Certes dist gom baude du fosse ien ap veu plui seurs mirades de ceulx qui ont transgresse ce chappitre. et mes mes mon parastre se rompp la iambe pour ce quil nauoit volu croire le conseil de ma mere.

Le tiers chappitre.
Homme qui sa femme bat pour quelconque cause que ce soit na uera iamais pour priere quil sace faire grace de la vierge marie se premierement il na obtenu par don de sa femme. Glose. Maroie ploparde dist sur ce chappitre que cellui qui bat sa femme fait autel pechie comme sil se voloit sop mesmes desesperer. Car selon ce iap op dire a no cure ce nest que vn corps dhomme et et de fem me acouplez par mariage.

Le quart chappitre.
Homme qui fait aucune chose sans quil le donne a congnoistre a sa femme ie vous dp comme euuangile quil est en concience pi re que larron qui bien toseroit dire. Glose. Les anciennes

matrones ont maintenu pour ve[-]
rite que les enfans qui viennent
de tel mariage iamais en ce mon[-]
de ne deuendront riches / et si se[-]
ront volentiers menteurs .

¶Le cinquiesme chappitre .

Des amies ie vous di pour veri[-]
te quil nest doleur ne angoisse pa[-]
reille a celle que femme porte quãt
son mari va autre part porter et
donner sa substance . et especiale[-]
ment quant les biens viennent
de par elle . Glose.Pour certain
dist vne vielle qui estoit nommee
flourette sa noire .Cellui q rompt
son mariage par adultere est
moins aprisiee que vn iupf ou sa[-]
rasin .car il est pariur .

Le .vie chappitre ,

Fille qui veult sauoir le nom
de son mari a venir , doit tendre
deuant son huis le pmier fil quelz
le filera cellui iour , et de tout le
premier homme qui par illec pas[-]
sera sauoir son nom . sache pour
certain que tel nom aura son ma[-]
ri . Glose.A ce mot se leua lu[-]
ne des assistentes nommee geffri[-]
ne femme de iehan le bleu et dist
que ceste chose auoit esprouuee et
que ainsi lui en estoit auenu, dõt
elle maudissoit leure dauoir en[-]
contre vn tel homme qui toute
couleur et beaute auoit perdue , et

si estoit si tresmauuais mesnagi[-]
er que autre chose ne pouoit fai[-]
re que dormir .

¶Le .vije chappitre .

Quant femme porte enfant et on
veult sauoir selle porte fils ou fil[-]
le on doit mettre en dormant sur
sa teste du sel si soemẽt que point
ne le sache , et apres en deuisant
a elle sachies quel nom elle nom[-]
mera selle nomme homme ce sera
vn fils , et selle nomme femme ce
sera vne fille . Glose.Ceste mes[-]
mes chose mauint quant ie por[-]
toie ma fille lise temprement ,
dist guele du solier , et le me fist,
et aprist ma tante qui estoit fort
ancienne et moult renommee en
pluiseurs ars .

¶Le .viije chappitre .

On ne doit point donner a iones
filles a mengier de la teste dun
lieure affin quelles mariees et p
especial enchaintes ny pensent ,
car pour certain leurs enfans en
pourroient auoir leures leures fen[-]
dues . Glose.Dist tantost Mar[-]
got des bledz . tout ainsi en a[-]
uint il nagaires a lune de mes
cousines .car pour ce quelle auoit
mengie de la teste dun lieure sa
fille dont elle estoit enchainte en
apporta sur terre quatre leures .

¶ Le .ix.e chappitre.

On ne doit point aussy laissier mengier aux iones filles a marier de teste de monton de crest de coq ne danguille affin qlles ne chient du mal saint loup par derriere. Glose. Certainement dist belotte la cornue cest vn tref grant dangier car pour ce que ma mere en mega ieu ay eu trois taches qui comme ie croy iamais ne me fauldront. Lune si est que souuent me laisse cheoir par derriere. La seconde que ie hurte volentiers et la tierce quil me croist ou plus secret lieu de mon corps vne chose a maniere de la creste dun coq dont iay grant vergoingne.

¶ Le .xi.e chappitre.

Ie vous iure comme euuangile que quant vne ione fille mengue acoustumeement lait bouilly en la paelle ou en vn pot de terre quil pleut volentiers et par coustume le iour de ses nopces. Et si a volentiers mari merancolieux et hoingnard et aussi ne fault el pas destre souuent crottee et mal paree. Glose. Dist dame Abonde a cest texte ne fault aucune exposicion car la regle en est toute commune et iamais ny a faulte comme il apparut a mes

nopces ou pluiseurs de vous furent.

¶ Le .xii.e chappitre.

Pour certain et pour aussi vray que euuangile quant vn homme couche auec sa femme ou samie ayant les pies ors et puans et il auient quil engendre vn fils il aura puante et mauuaise alaine. Et se cest vne fille elle laura puante par derriere. Glose. Maroie pluyarde dist sur ce chappitre que de sa cousine germaine est auint ainsi. Car par tout ou elle aloit elle rendoit vne odeur si puante de son derriere que les assistens en estouppoient leurs nes mais ne sauoient qui celui estoit qui estoit en cause.

¶ Le .xiii.e chappitre.

Pour aussi vray que euuangile ie vous dy que quant vn ione homme prent espouse vne fille pucelle le premier enfant quilz ont est par cousteume fol. Glose. Bietrix testroite sur ce chappitre dist que ainsi estoit nagaires auenu a l'une de ses filles quelle auoit mariee au porchier de son hostel car il conuint que pour la premiere nuit elle leur enseignast comment ilz deuoient faire dont il est auenu que leur premier filz est fol et pour innocent.

¶ Le .xiij. chappitre

Mes voisines et compaignes ie
vo9 dy pour euuãgile que quant
lenfant est nouuellement ne et a-
uant quil suche la mamelle / se
on lui donne a mengier dune pom
me cuitte / iamais apres toute sa
vie il ne̅ sera si luffres ne gour-
mant a table en boire / et en mengier . Et si en sera plus courtois
en fais et en parolle entre les dames . Glose .Maroie motele dist
sur ce texte que quant vn enfant
est ne qui lui porteroit le petit
boyau iusques au chief : il en a-
uroit longue vie / douce alaine /
bonne voix et gracieuse loquense

¶ Le .xiiij. chappitre .

Ie vous asseure pour aussy
vrap queuuangile que pour faire
auoir aux enfans cheueux cref-
pes .tantost apres quilz sont de-
soupez il conuient lauer leur chief
de vin blanc. et en leur baing soit
mise la rachine de blanche vi-
gne . Glose. Dame hermofrode
sur ce pas dist en corroborant le
texte que qui feroit / sechier par
deux enfans iones et beaux lau-
bette du petit enfant sur la pointe
dune espee trenchant / et dere que
lenfant sera toute sa vie beaux et
hardis / et bien venus entre les
nobles.

¶ Le .xv. chappitre .

Or entendez bien vous toutes
qui cy estes presentes /ie vous a-
uertis que iamais on ne doit tirer
espee nue ne autre long trenchãt
deuant femme grosse que premier
que riens sen face ne lui va doucement touchier du plat / sur son
chief /affin quelle demeure asseu-
ree . et que son fruit en soit toute
sa vie plus hardy .Glose.Perõn-
ne bruette dist que pour ce que on
ne fist point ainsi a sa mere quant
elle le portoit / elle a este et aincoires est si paourreuse quelle no-
seroit couchier seule sans auoir
compaignie dhommes .

¶ Le .xvi. chappitre

Ie vous dy pour aussi vray que
euuangile que iones filles ne doiuent iamais mengier cerises a la
derraine auec leurs amourreux
car souuent auient que cellui a
qui vient la derreniere : demeure
le derrenier de tous a marier .Glo
se . Dame sebile des mars dist
sur ce pas que les filles ne doiuēt
point mengier a cachelouche leur
potage auec leurs amourreux.car
par coustume il auient souuent
que leurs maris ont acointe a-
part et non pas les femmes .

¶ Le .xvij. chappitre .

Aincoires vous dy que dieu et

raiſon deffendent le parler ou le
ramenteuoir deuant aucune fem=
me mariee en eage de porter en=
fans ou qui eſt enchainte de quel=
conque choſe pour mengier qui
pour le preſent et au beſoing ne ſe
pourroit trouuer affin que le fruit
quelle porte nen apporte enſeigne
ſur ſon corps . Gloſe .Dame a=
borde du four diſt que par ruer
ou viſage de la femme qui porte
enfant ,aucunes ceriſes freſes ou
vin vermeil lenfant en apportera
ſur ſoy aucune enſeigne .

(Le .xviij.e chappitre .

Sachiez que homme qui ſe
double en mariage eſt inhabile
de paruenir a aucune dignite. Et
ſe ſa femme lui faiſoit le pareil
cas , ſans faulte il ſeroit cauſe de
lun et de lautre mal . et elle deue=
roit eſtre iugie quitte et ſans pu=
gnicion . Gloſe . Dame pſomme la
courte diſt ſur ce pas que la fem=
me qui veult que ſon mari point
ne ſe deſuoye auec autres femmes
ſi face par trois lundis chanter
meſſe de ſaincte auoie .et ie vous
dy pour certain que les dames
de paris en entretiennent , ainſi
leurs maris.

(Le .xix.e chappitre .

Quant on baptiſe aucun enfant
ſoit filz ſoit fille.ſe la fille a deux
parrins elle aura deux barons ou
plus.et auſſi ſe le filz a deux mar=
rines et il vit eage dhomme il a=
ura deux femmes ou pluiſeurs .
Gloſe . Certainement diſt ampe=
lune bucquette .ie doy bien mau=
dire leure que vvilleguin mon
mari en eut oncques tant . car il
en a trois accointes ſans celles
que point ne ſcay .

(Le .xx.e chappitre .

Quant on voit ces petis enfans
courir parmi les rues a cheuaulx
de bois ,a tout lances ,et deſgui=
ſez par maniere de gens de guer=
re . ceſt tout vray ſigne de pro=
chainement auoir guerre et diſ=
cencion ou pays . Gloſe . Perrine
bulottote diſt ſur ce pas que quãt
les petis enfans portent banniere=
res, et confanons en chantant
par les rues , ceſt tout ſigne de
mortalite .

(Le .xxi.e chappitre .

Se femme veult certainement
ſauoir ſe ſon mari ſe double,ſi a=
uiſe ſe vne plaine lune ſe paſſe
ſans elle approchier , certes ſelle
pa ſoupechon ſe neſt pas ſans
cauſe .Gloſe .Ceſte euuangile eſt
bien vraye diſt maroie ploparde
car il pa plus de trois lunoiſons
que ian plopart mon baron ne
fiſt ne cou ne quoy ,et ſi ſuis ain=

coiltes femme assez pour lendurer
¶ Le .xxij.e chappitre .
On ne doit point donner aux femmes grosses a mengier de nulles
testes de poissons affin que par
leur ymaginacion leur fruit nap-
porte sur terre la bouche plus ve-
leuze, et plus ague quil nest de
coustume . Glose . Perrette say-
toz sage femme, dist quelle auoit
veeut pluiseurs enfans qui auoient leur debout plus long oultre
mesure que les autres .
¶ Le .xxiij.e chappitre .
Se duenture vn homme bat sa
femme enchiante, ou la pile du
pie lors quelle enfantera moult
grant traueil en aura. et bien souuent les en conuient mouir . Glose. Dame hermostode dist que en
ce na aucun remede fors quil conuient auoir le soler dont le mari
le pila, et quelle boiue a mesmes
et se ainsi le fait sachiez quelle
enfantera legierement .
¶ Le .xxiiij.e chappitre .
Se il auient que aucun ou aucune engambe par dessus vn petit
enfant, sachiez que iamais plus
ne croistera, se cellui ou celle mesmes ne rengambe au contraire et
retourne par dessus . Glose . Certes dist sebile de ceste chose viennent les nains et les petites fem-

mes .
¶ Le .xxv.e chappitre .
Sachiez pour vray comme euuangile que se la chausse dune
femme ou fille se desloie emmy
la rue et quelle le perde: cest signe
et ny a iamais faulte que son mari ou amy ne se desuoie . Glose .
A ce mot laissa le filler vne nommee Transsie damours ione de .
lxvij . ans, et dist quil nestoit
chose plus vraye que ceste euuangile. car des mercredy derrain passe ie ne rey mon amy io-
liet. pour ce que en ce mesmes iour
ie perdy mon gartier en la rue .

¶ Le .xxvj.e et derrain chappitre

Et pour conclusion mes amies
et voisines et pour mettre fin a
mes chappitres ie vous dy que
quant a vne femme vient le mal
des mammelles il ne lui fault autre chose si non que son mari lui
face de son instrument naturel
trois cerdes enuiron le mal, et
sans aucune doubte elle en garira
Glose. Saintine tempremeure dist
quon doit entendre ces trois cerdes estre fais au debout du ventre
vn pou soubz la chainture .

Toutes les assistentes commen-

œvent moult fort a cire de ceste
iopouse conclusion, et moult loe/
rent la sage dame pſengrine qui
ſi hautement auoit continuee ſon
euuangile et departi par .xxvi.
artides qui tous eſtoient de grãt
ſens et de grande importance. et
pmiẽt quelles metteroient pai/
ne de tant les repeter quelles les
ſauroient par cuer pour les publi/
er et communicquier a celles qui
point nauoient eſte a ceſte lecture

Moult me fut tel quant dame
pſengrine miſt fin a ſon parlẽ
cas papier, et chandeille me fail/
loient, auec ſommeil qui fort ma/
uoit accueilli, car pres de minuit
eſtoit. Si voulz prendre delles
congie, mais elles me prierent
que auant que partiſſe ie veiſſe et
liue celle qui a lendemain deueroit
liue ſon euuangile. Si ſe mirent
toutes enſemble a conſeil et dun
commun accort eſleurent Tranſe/
line du croq vne ancienne da/
moiſelle, laquelle priſt volentiers
la charge de cefaire, et me requiſt
treſinſtamment en la preſence
delles toutes que a ce beſoing la
voulſiſſe ſeruir, ie lui promis que
ẽuis que volentiers: mais dune
choſe la requis, cet quelle veniſt
vn pou plus tempre que ce lundy
nauoient fait affin de euiter le

traueil de la nuit et le veillier qui
les peulx traueille.

¶ Senſieut la continuacion des
euuangiles faittes et leuttes par
dame tranſeline du croq pour le
mardy en loſtel et a heure acouſ/
tumez.

Quant vint le mardy en/
uiron cinq heures du veſ
pre commencerent venir et aſſem/
bler femmes tant vielles comme
iones de toutes pars, car deſia
elles auoient publie ce que le lun/
dy auoit eſte fait, et ce que le
mardy faire ſe deuoit par dame
tranſeline du croq femme bien re
nommee, car elle eſtoit gentil fem
me eagie de enuiron ſoixante ans
longue et maigre eſtoit. en ſes io/
nes iours auoit demoure auec
vne dame qui ſauoit partie de
lart de geomancie et rendoit rai/
ſons de pluiſeurs choſes auenir,
auec laquelle elle apriſt moult
daugurie dont depuis elle fut
moult renommee et honnouree.
Mais pour ce quelle auoit vn iour
mengie ſouppe auec venus faitte
au chauderon damours: onques de
puis ne ceſſa de exercer ſon ſeruiſ
ce auec les ſubgez dicelle. Et en
ſa vielleſſe ſe ſtoit retraitte et al/
liee auec le cure de la ville qui de

nuit et de iour opoit sa confesse,
pourquoy toutes celles de son voi
sinage lauoient en grant reue/
rence.

¶ Dame transeline doncques ve/
nue entrelles salua toute la com/
paignie. Et apres quelle meut de/
mande se ma plume estoit preste
descripre: commenca a parler en
ceste maniere.

¶ Le premier chappitre.

Oz ca dist elle mes bonnes voi/
sines et amies en continuant nos/
tre propos du soir precedent. ie
vous prie que silence soit faitte et
ie vo9 dy pour aussi vray comme
euuangile que quant vne femme
veult estre de son mari ou de son
amy bien amee: si lui face men/
gier barbe de chat, et il sera delle
si tresamoureux quil naura au/
cun repos se dempres elle nest.
Glose. Ceste chose est veritable
dist burge fauuele, car tout ain/
si en feis a mon mari, et lui en
feis vne salade, mais ceste amour
ne dura que six sepmaines pour/
quoy ie cuide quil le fault renou/
ueller souuent.

¶ Le second chappitre.

Et si vous dy que qui poeroit
finer dun vray mandegloire et le
couchast en blans draps, et lui
presentast a mengier et a boire

deux fois le iour, combien quil
ne mengue ne boiue: cellui qui ce
feroit deuendroit, en pou despace
moult riche. et ne sauroit com/
ment. Glose. Certes dist iehane
vvasteliere on dist, mais cest en
tapinage, que alexus du cornet
est ainsi deuenus riche.

¶ Le tiers chappitre.

Ie vous dy pour euuangile que
quant aucun se met au chemin et
vn lieure lui vient audeuant cest
vn tresmauuais signe. Et pour
tous dangiers euiter il doit par
trois fois soy retourner dont il
vient et puis aler son chemin, et
a lors sera il hors du peril Glo/
se. A ceste parolle se leua maroie
le face et dist tout hault, que ces/
tui chappitre estoit moult veri/
table. Car son parrastre auoit
rompu la iambe au cheoir de son
cheual apres quil auoit rencon/
tre vn lieure. Mais qui rencontre
vn loup, vn cerf, ou vn ours cest
tresbon signe.

¶ Le iiije chappitre.

Onques homme sage ne mon/
ta sur asne pour lonneur de nostre
seigneur qui dessus monta. mais
tresbien sur cheual. car qui chiet
de lasne il dist crieue: et qui chiet
de cheual il dit lieue. Glose.
Sur cest article se puet faire vn

argument.car quant ioseph me/
na la vierge marie en egypte elle
monta sur vn asne / et touteffois
elle nen eut nul grief . Respondy
dame sebile du fosse que aincoi/
res nauoit ihesucrit point monte
sur lasne comme il fut depuis . re/
plica vne ancienne nommee per/
rette du trou punais / que si auoit
et que nostre dame lemporta auec
elle monte sur lasne . Pour cest
argument sourdy grande noise
entre toutes les assistentes / et telle/
ment que les vnes soustenoient
le texte de ceste euuangile / et les
autres soustenoient la golse / et si
grant clameur sourdy entre elles
quon ne sauoit a la quelle enten/
dre . Touteffois dame pselegrine
comme presidente pour ceste nui/
tie leur imposa silence affin quelle
peust paisiblement parfaire sa
lecture . laquele chose elle obtint
a tresgrande paine .

Le .vje chappitre .

Mes voisines pour muer propos
et abaissier voz debas ie vous dy
pour euuangile que se vne fem/
me laisse son trepie ou son gril
sur le feu sans y mettre ou baston
ou tison ardant / sachiez quelle
en enuieillist fort et en a ride le
visage . Glose . Dist lune des
fillerelles nommee piate au long

nez que qui sen va couchier sans
remuer le siege sur quoy en sest
deschaussie / il est en dangier des/
tre ceste nuit cheuauchie de la
quauquemare .

Le vje chappitre .

Qui laisse de nuit vne selle on
vn trepie les piez dessus / autant
et aussi longuement / est lennemi
a cheual dessus la maison.
Glose . Certes dist psoree la fem/
prieue que sa grant mere disoit
que autant de gannes dpables
sont assiz dessus chascun pied
sainsi demoure /comme il en pa.

Le vije chappitre .

Ie vous asseure et dy pour eu/
uangile que quant agachees ou
ppes gargonnent dessus vne mai
son que cest signe de tresmauuai/
ses nouuelles . Mais se moussons
p gargonnent / ou p font leurs
nyds cest signe de bon air / et de
bonne fortune . Glose . Ger/
trud des blez dist que quant vne
epgoingue fait son nyd dessus
vne cheminee / cest signe que le
seigneur de lostel sera riche et vi/
uera longuement .

Le viije chappitre .

Quant les oreilles estopissent ou
demenguent a aucun / sachiez
pour verite / et comme euuangile
que se cest la dorite oreille ce se/

ront bonnes nouuelles.et se cest la
seneftre elles seront mauuaifes.
Glofe. Yfabel de la crefte rouge
dist sur ce propos que quant le nes
estopist cest signe de boire vin ver
meil.

¶Le ixe chapitre.

Quant poix ou poiree boueillent
ou pot qui est mis ius du feu,sa
chiez pour vray que en cestui hos
tel ny a nulles sorcieres. Glofe
Perrette tost vestue dist que la
chose que les cauquemares crain
gnent le plus,cest vn pot qui
boult ius du feu.

¶Le xe chapitre.

Or entendez vous toutes bien
ce chapitre.Car ie vous dy que
qui doubte la cauquemare quelle
ne viengne de nuit a son lit,il
conuient mettre vne sellette de
bois de chesne deuant vn bon feu
et se elle venue se siet dessus:ia
mais de la ne se porra leuer quil
ne soit der iour,et est chose es
prouuee. Glofe. Ienneton tost
preste dist quelle oublia vne fois
a ceste chose faire,mais elle apres
quelle fut cauquie tasta que ce
pouoit estre si trouua que cestoit
vne chose velue de asses doux
poil.

¶Le xie chapitre.

Qui laisse le samedy a parfiler
le lin qui est en sa queloingne,le
fil qui en est file le lundy ensui
uant iamais bien ne fera,et si en
en fait toile iamais elle ne blan
chira. Glofe. Dist marion le
bleue pour ce que les femmes da
lemaigne ont ceste coustume que
de laissier le lin a la queloingne
le samedi:iamais leurs toilles
ne sont blanches. Et cest verite
il appert aux chemises que les
hommes en apportent pardeca.

¶Le xiie chapitre.

Qui se abstient de torchier son
derriere dherbe,de fueilles ou dau
tre verdure qui ait creu sur terre
il naura ia mal en leschine ne es
rains. Glofe. Ypatine le verde
dist a ce propos que cellui qui ce
fait il naura iamais les trenchi
sons en la teste.mais en ce lieu il
aura souuent sa chemise doree.

¶Le xiiie chapitre.

Cellui qui ne iette ou sueffre iet
ter ou feu les os apres quil en a
mengie la char:iamais naura
mal es dens pour lonneur de saict
laurens. Glofe. Mais noir
trou afferme ce chapitre estre
vray,mais elle dist que en ce lieu
les chiens sen combatent volen
tiers.

¶Le xiiie chapitre.

Cellui qui point dargent na en

sa bourse, se doit abstenir de re/
garder la nouuelle lune ou autre/
ment il nen aura gaires tout au
long dicelle. Glose. Robi/
nette noire trache dist sur ce cha/
pitre que cellui qui perchoit le
croissant a plaine bourse: il le
doit saluer et encliner deuotement
et pour certain il multipliera tou/
dis celle sonoison.

Le .xv. chappitre.
Cellui ou celle qui treuue le tref
fle a quatre fueilles sil le garde
en reuerence sachiez pour aussi
vray que euuangile quil sera eu/
reux et riche toute sa vie.
Glose. Sur cest article dist da/
me sebile rouge en taille que se
vn homme passe a pieds nuds
sur le treffle a quatre fueilles, il
ne puet eschapper dauoir les fie/
ures blanches. Et se cest vne fem
me elle sera vuihotte.

Le .xvi. chappitre.
Quant on homme treuue sur
la voie vne praigne cest signe des
tre ce iour moult eureux, et pareil
lement qui treuue le fer dun che/
ual ou partie dicellui: il aura bon/
ne fortune. Glose. Lors se le/
ua francine molles tettes, et dist
que quant on treuue au matin de/
uant desiuner argent aterre, cest
tresmauuais eur, sil ny a de lor

parmy.
Le xvii. chappitre.
Quiconque frotte vn porion la
veille de sainct iehan de la fueil/
le dun sebus, et puis la boute
parfont en terre, a mesure que cel
le fueille pourrira: le porion se/
chera. Glose. Ysabel de
la doutre dist, que ceste auoit au/
treffois fait: mais de frotter le
porion du lait dune fueille de pis
senlit, il en seche plus tost. Car
elle lauoit espzouue.

Le .xviii. chappitre.
Quant on homme treuue en son
pourpris vn vaisseau deeps ata/
chies en vn arbre sil ne lestrine
dune piece dargent cest mauuais
signe. Glose. Baudinon
gorgette dist que cellui qui appro/
prie a soy les eeps sans les estri/
ner comme dit est ou texte: elles
ne feront que picquier cellui, et
iamais ne laimeront ne lui feront
prouffit.

Le xix. chappitre.
Cellui qui le iour sainct vin/
cent lope les arbres de son gar/
din de lopens de fuerre de from/
ment: il aura cestui an plente de
fruis. Glose. Emmeline le
crottee dist a ce propos que qui be/
hourde le iour des brandons ses
arbres, sache pour vray quils

nauront en tout cest an ne hon-
nines ne vermines .

¶ Le .xxe chappitre .

Cellui qui estrine sa dame par amours le iour de lan de couteaux sachiez que leur amour refroide-
ra Glose . ¶ Dist a cest ar-
tide collette du cuen . ie vous asseure que cellui qui estrine sa da-
me despinceaux a grosse testes que lamour en deuient plus ardant et plus durable .

¶ Le .xxie chappitre .

Cellui qui franchement puet cheuauchier lours . ix . pas dun tenant,il est affranchy de .ix.pai-
tes de maladis . Glose . Dist vne vielle matrone qui derriere les autres estoit . ie cuide bien quil soit vray de la garison desd ix. maladies . Mais non pas de celles dont on chiet a la renuerse .

¶ Le .xxiie chappitre .

Quant vous veez vn chat as-
sis sur vne fenestre au soleil qui lesche son derriere,et la patte quil lieue ne porte audessus de loreille il ne vous conuient doubter que celle iournee il ne pleuue . Glose . Lors se leua dame mehault caillotte , et dist que point ny a faulte , car aincoires est sa buee ou cuuier quelle nose lauer pour ce que son chat ne cesse de le-

chier son derriere .

¶ Le .xxiije chappitre .

Qui siet au feu et escript es cen-
dres de son doy ou dun baston ou qui se ioue du feu , cest signe quil a pissie ou quil pissera au lit . Glose . ¶ Peronne lenfumee dist en affermant ce texte que cellui qui regarde sa femme couurir le feu deuant lui sans soy leuer:sachiez que celle nuit il ne cessera de ron-
quier et de dormir . et se cest vne fille a marier,elle ne sera de lan-
nee mariee .

¶ Le .xxiiije chappitre .

Quant on craint que son chien ne soit mors de chien enragie, faittes le mengier et boire parmp vn trepie et il sera ce iour asseure de la rage Glose . A ce propos dist Guillemette la boisteuse que qui veult son chat ou sa ge-
line tenir a lostel sans les perdre si prengne ou le chat ou la geli-
ne et la tourne par trois fois en tour la crameillie , et puis leur frote leurs pattes contre le mur de la cheminee . et sans nulle faulte iamais de cest hostel ne se departiront .

¶ La conclusion de ceste iournee .

Pour ceste euuangile com-
mencerent toutes les as-

sistentes moult fort a rire, et de
fait en laissierent le filer et desui
dier, et moult fort loerent dame
transeline du croq de la deduci
on de son euuangile, ensamble
celles docteresses et sages femmes
qui lauoient glose, et si honnou
rablement deduit, et postile que
mieulx on ne les porroit exposer
Ie me leuay de mon siege a temp
lasse et desia semons du messagier
du dieu dormant pour aler le ber
chier en son repos. Mais auant
mon departement ie voulz veoir
faire lelection de celle qui lende
main deuoit presider. Les fem
mes donques apans laissie le riue
dirent que temps estoit deslire la
dame qui lendemain presideroit
Si eslurent dun commun accort
dame abonde du four, qui lac
cepta benignement et promist den
faire son pouoir. Apres ceste
election ainsi de dame abonde du
four ie me departis le plus cope
ment que ie peus car elles se prin
drent si fort a quaqueter ensem
ble quelles neurent regart a mon
departement.

¶ Sensieut la continuacion des
euuangiles des qualoingnes faits
tes le mercredy soir par dame a
bonde du four.

Le mercredy soir a heure
acoustumee conuindrent
et sassemblerent toutes les fem
mes qui auoient acoustume dy
estre, ensemble pluiseurs autres
qui parauant ny auoient este par
la induction de leurs voisines.
Et elles ainsi assemblees suruint
dame abonde du four qui pour
ceste nuit deuoit et estoit ordonnee
pour lire son euuangile, comme
elle fist. Mais auant que ie pro
cede aux chappittres dicelle, ie
vueil descripre de son estat la ma
niere. Il est vray que en ses io
nes iours elle fut marchande de
luxure a detail, et depuis en tint
boutide en gros a bruges entre
les marchans. telle femme auoit
este en sa ionesse: mais le vin et
les bons morseaux quelle auoit
pris et souuent lauoient faitte si
grasse que apou auoit sa roideur
sa longueur. Et abrief dire elle
auoit vne partie des sept ars en
sa memoire, car elle auoit estudie
apans par lespasse de sept ans
ou colliege de glatigny, dont elle
auoit rapporte mainte parfonde
science. Elle doncques venue se
ala seoir ou siege a ce determine
et apres silence faitte des assisten
tes commenca pour son theume et
pmier chappitre en ceste maniere

¶ Le premier chappitre.

Pour le premier chappitre de mon euuangile, ie vous asseure que pour pissier entre deux mai-sons, ou contre le soleil : on en gaigne le mal des peulx quon appelle le leurieul. Glose.
Aucuns lappellent la rougerole dist beatrix flabaude, mais ie croy mieulx que ceste maladie viengne de trop boire a la fontaine da-mours.

¶ Le .ij. chappitre.

Pour escheuer de non venir pa-laineux de la teste ou des rains il se fault abstenir de mengier de teste ne de char de chat ou de ours Glose. Dist tantost berte au court talon ie cuide et si croy que pour le palasin des rains, il se fault garder de couchier a lenuers voire les femmes, et les hom-mes au contraire.

¶ Le .iij. chappitre.

Qui se met a pissier contre vn monstier ou en vne atre, cest grat merueille se auant sa mort il ne chiet en apoplexie. car du moins il sera graueleux. Glose.
Certainement dist iacquemine galoise qui long temps auoit ser-ui le cure, ie vous asseure que cel-lui qui ainsi pisse ou fait sa nec-cessite contre leglise ou en lattre

leaue benoite quil rechoit le di-menche ne le puet aidier contre le tonnoire pour celle sepmaine.

¶ Le .iiij. chappitre.

Se vne femme perchoit vn loup qui le suiue, elle doit tantost tray-ner sa chainture par terre apres elle en disant. Garde toy loup que la mere dieu ne te fiere, et tan tost tout confus sen retournera.
Glose. Iane la sauuage dist que se aucun voit le loup deuant que le loup le voye il naura pou-oir de lui meffaire. Et pareille-ment la personne au loup.

¶ Le .v. chappitre.

Quant le seigneur ou la dame dun hostel est malade et vn cor-bauld vient crier dessus la che-minee ou la maison ou le pacient gist : cest grant signe quil morra de ceste maladie Glose.
Mehault tost preste dist a ce pro-pos que quant vne agache p...
ent gargonner, cest bon sigtte et que le pacient garira.

¶ Le .vi. chappitre.

Quant le vent descorcheuel vent les femmes sages et bon-nes mesnagieres doiuent taillier le debout de loreille dextre de leur ione veau et ietter celle piece alen-contre du vent affin que leur ve-au croisse et amende comme il se...

ra. **Glose.** Certes dist ma/
roie ioe brulee, ie croy que qui
promettroit a sainct bartbelmi/
eu sa dextre corne quil souffiroit.

¶ Le .vij.e chappitre.

Mes bonnes voisines, ie vous
vueil en ce chappitre dire lun des
plusgrans secrez que iaye onc/
ques apris en sauoie, cest pour
aussi vray comme euuangile que
quant aucune tempeste leuera en
lair vous deuez tantost faire du
feu de quatre bastons de chesne
en croix au dessus du vent, et lui
faire vne croix dessus, et tantost
la tempeste se tournera de coste et
ne touchera a voz biens.

Glose. Baudine camuse dist
bien que ou pays de sauoie a plui
seurs sages femmes, car pour fai/
re bel ou laib temps elles en sont
maistresses.

¶ Le .viij.e chappitre.

Quant les anettes sentent la
tempeste esmouuoir en lair et quel
les volent, et crient sur leaue en
bas cest signe quil plouuera sans
tempeste, mais quant elles se hai/
sent: elles redoubtent fort le ton/
noire. **Glose.** A ce propos
dist Mahelie ioliette que quant
les cynes ou les oies se baignent
et debatent en leaue, il ny aura
aucune faulte quil ne pleuue cellui
iour.

¶ Le .ix.e chappitre.

Quant on oit chiens vller, on
doit estoupper ses oreilles, car ilz
apportent mauuaises nouuelles.
Et par contraire on doit oyr le
cheual crier et haynir. **Glose.**
Magnon broquette dit en approu
uant cest artide, que quant on oit
les loups vller on se doit mettre
en bon estat, car cest signe de grã
de pestilence auenir par guerre ou
par famine.

¶ Le .x.e chappitre.

Quant vous veez les loups ve/
nir querre leur proie pres des vil
les ou dedens les villages sachi/
ez que cest grande apparence de
chier temps. **Glose.** Ieba/
ne baguette dist sur ce texte que
quant cerfz, bichees, ou daine
viennent paistre pres des villa/
ges et des maisons cest bon signe
et habondance de tous biens.

¶ Le .xj.e chappitre.

Ie vous dy pour euuangile que
nul qui veult gaignier au ieu de
dez ne se doit iamais asseoir pour
iouer son dos deuers la lune ou
quelle soit lors, ains lui doit tour/
ner le visage ou se ce non iamais
il nen leuera sans perte.

Glose. Michelette bouchue
dist a ce propos que qui veult

gaignier aux de3 par iour il con
uient faire le cõtraire car il fault
tourner le dos au soleil .

¶Le .xii.e chappitre .

Ie vous dy mes voisines que
quant on met blans draps en vn
lit . langele de dieu si repose ius/
ques a ce que on y fait /ou pet /ou
vesse . Glose . Marion ort
treau dist a ce propos que tantost
que langele sest departis du lit
le dyable puant y entre dont sou/
uent en sourt grande noise entre
homme et femme .

¶Le .xiii.e chappitre .

Cellui qui rechoit de leaue be/
noite le dimence a la grant messe
le diable mauuais en toute ceste
sepmaine , ne puet cellui ou celle
tempter ne apprchier a sept piez
pres . Glose . Berte le lourde
dist que qui ne rechoit de leaue
benoite le dimence , le dyable lui
puet et iour et nuit asseoir inuisi/
blement sur lespanle . Et qui ne
le rechoit de la main du prestre ,
sachiez quelle na ne force ne ver/
tu .

¶Le .xiiii.e chappitre .

Cellui qui souuent benist le so/
leil la lune et les estoilles ses bi/
ens lui multiplieront au double .
Glose . Iossine tost preste dist
que qui a son couchier salueront

lestoille pouchiniere , il ne seroit
possible de perdre aucun de ses
pouchins , et se multiplieroient
doublement .

¶Le .xv.e chappitre .

Cellui qui au matin a son leuer
fait le signe de la croix /et lauer
ses mains ains quil passe hors
de son hups le diable pour ce iour
naura pouoir de le greuer . Et sil
ne le fait quelque labrur quil face
tout ce iour ne lui pourra multi/
plier . Glose . A ce propos
dist geffrine tost preste que qui
ne fait dire le benedicite a son dis
ner /le dyable inuisiblement siet
a celle table et y boit et mengue .

¶Le .xvi.e chappitre .

Quant aucune femme porte des
chappons a la bonne ville pour
les vendre ou autres choses /sel3
le dauenture chausse au matin
son pied droit premier /elle aura
bon eur de bien vendre .
Glose . Ceste chose mest sou/
uent auenue dist tempre meure .
Et oultre ce ap este maintefois es
trinee de tel marchant quil en pe/
seroit a mari sil le sauoit .

¶Le .xvii.e chappitre .

Quant vne femme entre au ma/
tin en son estable pour moudre
ses vaches /selle ne dist vous sau
ue dieux /et sainte bride volétiers

les vaches du pied de derriew
regibent et souuent brisent le pot
ou respandent le lait.   Glose.
A ce propos se leua vne vielle qui
nauoit mais que vne dent / et dist
en audience que quant les ve
aslrne veulent boire ne au doy
ne autrement / que le toreau qui
engendra ce veau neut point da
mour a la mere.

Le .xviij. chappitre

Se vne cense a plente de brebis
qui aient pluiseurs aigneaux / et
apres la disme papee on en pre
sente chascun an vn au loup / car
tes il en prendera vn nonobstant
garde quon y commette.   Glose.
Emmelote du glay dist a ce pro
pos que qui ne presente vn ai
gnel au loup en lonneur de lai
gnel de dieu : il sache certaine
ment quil en y aura de foiueux en
lannee.

Le .xix. chappitre.

Qui cueille ou eslit la poree le
samedy apres nonne pour le di
menche cuire et mengier / il en vi
ent de legier a celles qui ce font le
mal quon dist le iopel nostre da
me.   Glose.   Ianne court
talon dist que ainsi len auint en
sa ionesse / mais vn ione medecin
len garist assez doucement en pou
de temps.

Le .xx. chappitre.

Quant vn homme est prest pour
monter a cheual / il ne doit pren
dre de la main de sa femme son es
pee ne autre piece de harnas / car
a son besoing il ne sen porroit def
fendre.   Glose.   Dist vne
des assistentes nommee angeline
verte vaine que ainsi en auint il
a son premier mari. Car en che
uauchant de nuit il vey a la clar
te de la lune vn espouantaire de
coste sa voye / mais il ne sceut on
ques tirer son espee que lui auoie
baillie de haste quil eut de sen
fouyr.

Le .xxi. chappitre.

Cellui qui pisse contre le soleil
il deuient en sa plaine vie gra
ueleux / et si engendre souuent la
pierre.   Glose.   Ie trop dist
agnechon la pellee que la graue
le viengne plus tost de boire dou
ble vin ou autre bruurage trouble
et especialement de cheuaulchier
sans selle.

La conclusion de ceste iournet.

Apres ceste euuangile fist
pause dame abonde du
four / car il ne lui estoit possible
de proceder en oultre a sa lecture
pour le murmure des risees que les
filleresses firent lors toutes en
semble. Et quant a piece de temps

elles furent aucû pou de silence: el/
les remercierent moult dame a /
bonde de ses vrayes euuangiles
promettans que point ne les met/
teroient en oreille de veel, ains le
diuulgueroient et publieroiét par
tout leur sexe a celle fin que de
generacion en generacion elles
fussent continuees et auguemente/
es. Sur ce se commencerent toutes
a elles leuer et prendre leurs ques
nouilles, fuisseaux, fusees, hap/
plez, vertoiles, toures et autres
bagaiges appartenans a lart de
fillerie pour elles retourner chas/
cune a sa chascune. Et ie trous/
fay mes agoubilles pour men
tourner dormir, car la minuit ap
prochoit. elles apres pluiseurs
raisons et menues suffrages es /
leurent dame sebile des mares
pour lendemain lire a heure ac /
coustumee. dont elles furent mout
ioyeuses, et tandis quelles estoi/
ent empeschiez ie men alay repo/
ser.

Sensieut la continuacion des
euuangiles leuttes par dame se/
bile des mares le ieudy soir en
lostel accoustumez.

Le ieudy entre six et sept
heures du vespre apres
souper conuindrent et asseblerent
les amazones et femmes acoustu/
mees de venir a la serie ensemble
pluiseurs autres qui point nauoi
ent accoustume dy venir pour oir
lire dame sebile des mares son
euuagile. Dame sebile qui fort
tenoit du graue vint en la com /
pagnie de pluiseurs de sa cognois
sance, et se assist pour presider ces
te nuit, comme celle qui a ce faire
estoit ordonnee. mais ains que
oultre procede: ie vueil touchier
vn pou de sa vie et lestat de con /
uersacion. Ceste sebile estoit de
par sa grant mere venue de sa /
uoie dune contree nommee vaux
dont premiers vindrent les vau/
dois de laquele science elle auoit
beaucop retenu. elle auoit dage
enuiron .lvij. ans maigre et lon /
gue femme estoit, et si se disoit
gentil femme a cause de vaux. et
en quelque assemblee quelle se
trouuoit: elle auoit volentiers la
derueniere polle pour tout conduire
et ainsi estoit elle auantaigiere
pourquoy il y eut pluiseurs fem /
mes qui pour ceste cause y vin /
drent qui parauant ny auoiét este
Dame sebile donques assise en
son siege apres silence obtenue
commenca le premier chappitre
de son euuangile et dist.

Le premier chappitre

Qui veult que ses enfans ne soi
ent paoreux il est expedient que
incontinent apres le batesme de
lenfant, le pere lui face empoin
gnier de la main droite son espee
ou son glaiue, et il sera toute sa
vie hardis. Glose. Dame
alix des mares sa suer dist que
qui feroit lire par vn prestre des
sus lenfant leuuangile des trois
rois ou loroison sainct charle
maine il seroit hardis et victo
rieux.

Le second chappitre.
Quant deux iones gens filz et
fille sont pour seur vn enfant le
prestre se doit mettre entre deux
car sil auenoit quilz preissent
lun lautre a mariage iamais na
uroit paix entreulx. Glose.
Vne vielle qui la estoit dist tan
tost sur cest article quil estoit cer
tain et vray. Et oultre que silz
auoient enfans ilz feroient tous
pute fin.

Le tiers chappitre.
Celui qui congnoist charne
lement sa commere a sa priere
iamais ne puet en paradis entrer
se le filleul son enfant ne fait de
son gre la penitance premier pour
sa marrine et apres pour son pe
re. Glose. Cristine la
sauuage dist que qui prent sa

commere par mariage, toutef
fois quilz se conioindent char
nelement, quil tonne volentiers
ou fait orage en terre ou en mer
Le quart chappitre.
Quiconques congnoist charne
lement nonnain ou femme voilee
par copulacion dhomme de reli
gion ou prestre seculier, sachiez
quilz morrons tous a membre
roit, et a trop plus de doleur que
autres gens. Glose. Fil
lette lestroite dist que se de tel ac
couplement viennent enfans ilz
sont enclins a maintz maulz et
fortunes.
Le .v. chappitre.
Vne meschine de prestre perse
uerant en son pechie iusques a la
mort, sachiez pour vray comme
euuangile quelle est cheualet au
dyable, et ne conuient prier pour
elle. Glose. Lune dentre
elles qui sauoit de cest article res
pondy que le pechie se pouoit es
taindre par les prieres du pres
tre, et par les enfans quilz ont
engendres iasoit que commu
nement ilz ne facent gaire bonne
fin.
Le .vi. chappitre.
Se vn prestre seculier ou autre
religieux congnoist charnele
ment femme mariee il naura ia

mais du pechie pardon / se pre /
mierement ne lui est pardonne du
mari delle . Glose . Cer /
tainement respondy vne matro /
ne cest article crop ie bien / car
dieu nemprent iamais sur le
droit dautrui / et apres il pardon
ne le droit de partie sauf .

Le .vij. chappitre
e vn homme marie habitra
la femme de son voisin ou autre
femme mariee , il mesmes se dot /
la porte de paradis et ia ny en /
terra com fort quil y busche .
Glose . Margot dappeie dist
que iamais ne lui sera ouuerte
fors par cellui a qui tant a offen /
se / quant aincoires il lui auroit
pardonne.

L .viij. chappitre.
it le prestre a chante mes /
se et que les aucuns vont baisier
lautel ceulz en celle sepmaine ne
doiuent baisier femme nulle se ilz
ne sont espousee . Glose .
Certainement dist vne vielle fil /
leresse / ceulx qui sont contre cest
article ne fauldront auoir mal
aux dens ou a la teste .

Le .ix. chappitre .
uant vne femme enchainte
porte son enfant plus sur le coste
dextre et quelle mengue volenti /
ers venoison et volille quelle opt

volentiers parler de tournois et
de ioustes sachiez de vray quelle
porte vn filz . Glose .
Natelie qui mere alennesse estoit
dist que quant la femme porte sur
le coste senestre et appete danstes
et sons dinstrumens que elle a /
ura vne fille .

Le .x. chappitre .
e vne femme grosse denfant
desire sauoir quel hoir elle porte
ascoutez la parler / et par elle mes
mes le saurez . car quant elle de /
mandera quel hoir vous semble
il que ie porte . Se vous dittes vn
beau filz et elle nen rougist : sachi /
ez pour vray quelle sera vne fille

Glose . Dist laurette la serie
que se la femme enchainte mar /
che au mouuoir plus tost du pied
droit que du senestre elle porte
sans faulte vn filz . et selle fait le
contraire ce sera vne fille .
Le .xi. chappitre.
Quant vn homme engendre
naturellement vn enfant sil lui
pouoit lors souuenir le temps quil
lui auint et il pensoit comment a /
pres le fait il se trouua dispose /
autre iuge fors lui ny fauldroit
car quant somme engendre vn
filz petit sen change pour ce quil
engendre son semblable . mais a
engendrer vne fille qui est hors

de sa complexion : il sen treuue
foit aliene voire pour deulx ou
pour trois iours.　Glose.
Parrote galoise dist que incontinent que femme a conceu enfant
masle pour les trois premiers
mois elle porte asses bel. mais les
autres six mois moult ena grant
doleur plus que dune fille. Tou-
tefois les trois premiers mois la
fille lui baille plus a souffrir.

Le .xii.e chapitre

Quant vous voyes les gelines assembler dessoubs quelque a-
pentis ou en requoy sachies pour
vray que le temps se muera en
plupe de brief.　Glose.
Puis que sommes entres de parler des gelines dist emmeline
trumeliere ie vous en diray droi-
tes merueilles. car quant vous
voles auoir vos poules coupes
dessus leurs testes pour aussi vray
que sommes icy il vous conuient
affubler vn sac aquoquite quant
vous mettes les oefs couuer. et
les pouilles seront toutes couppees
dessus leurs testes.

Le .xiii.e chapitre.

Et quant vous verres alumer
la lieune dedens vos cheminees
faittes lui la moe. et pour aussi
vray que euuangile elle sestain-
dera a acop.

Le .xiiii.e chapitre.

Des amies et voisines quant
vous ales au retrait gardes vous
de torchier vostre derriere de fueil
les et pour aussi vray que euuangile iamais ne seres malade du
mal saint loup de fueillop.
Glose. ¶ Calle court talon dist
quelle le fist vne fois. mais elle
ne pouoit ouuer de scopine qui le
poingnoit ie croy que le dyable
estoit en lerbe.

Le .xvi.e chapitre

Quant vn enfant est ne auant
quil soit baptisie gardes vous de
le mettre premierement ne porter
sur vostre bras senestre car pour
vray il en seroit gauchier toute
sa vie.　Glose.　Martine
tost preste dist a ce propos
vous faites tourner a vostre mari
son visage vers orient tandis
quil est embesoingnie ou fait da-
mours. sil fait generacion ce sera
vn filz.

Le .xvi.e chapitre.

Qui se mire en vn miroir de
nuit pour aussi vray que euuangile il y voit le mauuais et si
nen embelira ia pourtant ains
deuendra plus lait.　Glose.
Belotte camuse dist quil pa des
miroirs a bruge glace qui sont
naturelz et qui uendent les gens

qui si mirent vn pou bruns /mais
ilz ont mauuaise alaine .
¶Le .xvij.e chappitre.
Ui veult estre victorieux en
guerre ou eureux en marchandi/
se , si veste au matin sa chemise
ce deuant derriere ou alenuers / et
pour vray il le sera . Glose.
Ceste rigle et sans aucune faulte
mais que la guerre ne soit contre
sa femme /car sil la voloit batre
il le perderoit .
¶Le .xviij.e chappitre .
Quant vne femme a son coq lent
et niche elle lui doit faire mengier
des aulx /et lui en oindre la creste
affin quil en deuiengne plus fort
et plus vigoreux /et aussi il en gar
dera mieulx ses droiz enuers ses
gelines . Glose . Qui por/
roit trouuer dist marote rider lerbe
qui resueille les niches maris ien
donroie iusques a ma chemise /et
deusse aler pour mon pain .
¶Le .xix.e chappitre .
Qui veult nourrir et esleuer pe/
tis chiens sans gaires croistre /il
doit au matin lauer ses mains en
largement deaue /et dicelle mouil
lier le pain quon donne aux chies
et de celle eaue a boire /et pour vrai
iamais plus ne croisteront , neiz
que les mains qui dicelle sont la/
uees . Glose . Ie crop bien

quil soit ainsi /mais marote plee
ma taie les nourrissoit en vn pot
et ilz ne pouoient croistre plus
grant que le pot nestoit .
¶Le .xx.e chappitre .
Quant vne femme se lieue de
nuit pour pissier deuant que le coq
chante la tierce fois , et elle en/
gambe par dessus son mari sachi/
ez que sil a acun de ses membres
roide quil se amollira selle ne re/
tourne en son lieu par ou elle est
engambee Glose . Maroie
ploparde dist que se cest apres le
premier chant du coq elle sans
preiudice sen puet retourner par
ou lui plaist .
¶Le .xxj.e chappitre .
Pour certain mes voisines
quant vous orrez fort venter sa/
chiez que cest tout signe de trai/
son ou aumoins de mauuaises
nouuelles . Glose . Cest
chose moult de fois esprouuee
dont les exemples en seroiet trop
longues a raconter .
¶Le .xxij.e chappitre .
Quant vn homme cheuauce
par le chemin et il rencontre vne
femme filant , cest tresmauuais
rencontre et doit retourner et pren
dre son chemin par autre voye.
Glose . Iaquette ioquesus dist
que se la femme veult muchier sa

queloingne en fon gyron ou dez /
riere fon cul : quil ne lui puet nui /
re . mais fil parauenture cheoit /
de fon cheual : il fe porroit bien /
fort blechier en aucun de fes mē /
bres .

¶ Le .xxiiie chappitre /

Ie vous dy pour conclufion et /
pour auffi vray que nous fommes /
icy que fe vne femme veult que /
fon mari ou amy laime fort :elle /
lui doit mettre vne fueille de gau /
guier cueillie la nuit fainct iehan /
tantis quon fonne nonne en fon /
foulet du pied feneftre . et fans /
faulte il lamera moult merueil /
leufement .

¶ Conclufion de la ferie du ieu /
dy .

Icelle conclufion comp er /
ceuent toutes les vielles /
et iones qui prefens y eftoient a /
deuifer toutes enfemble a faire vn /
murmure comme toutes efbahies /
des nobles auctorites et vrayes /
euuangiles que dame febile leur /
auoit expofe/et bien promirent en /
trelles de les retenir et mettre en /
leurs memoires / car fainctes et /
bonnes les tenoient . Il me def /
plaifoit moult que compaignie /
daucun homme ne pouoie auoir /
pour rire / car certes la maniere /
quelles tenoient eftoient moult

eftrange / et a mon auis il leur /
fembloit que le monde par ces /
conftitucions et chappitres fe de /
uoit cy apres gouuerner et regir /
par elles . ¶ Or ca dift lune qui /
moult vielle et bochue eftoit nom /
mee eftoit Mabelie du cendrier . /
mes amies et voifines il et ieudy /
qui eft iour de recreacion et le /
plus cras de la fepmaine .il meft /
auis quil feroit bon que feiffons /
vn petit bancquet pour recree noz /
efpris / et efpecialment pour bien /
vegnier le profiat de noz bonnes /
et fages doctoreffes qui iufques /
icy nous ont inftruit et amonnifte /
la noble doctrine dont ci apres /
fans aucune doubte ferons amees /
prifies et honnourees / et par a /
uenture paruendrons a auoir do /
minacion par deffus les hommes /
Quen dittes vous : Certes dift /
vne fienne voifine qui bonne ga /
loife eftoit / et fauoit affez du bas /
voler /nommee Mehault ployart /
de . ie vous diray oncques fem /
me ne dift mieulx . ie men rep a /
ma maifon tout quoyement tan /
dis que mon mari ployart dort et /
aporteray vne douzaine doefs . /
Dift vne autre . Et ie men voy /
querir de la farine et du burre fi /
ferons des gauffres . et par dieu /
le villain ioquefus nen taftera ia

Respondy vne vielle ridee nom/
mee flourette du pre. et ie men voy
querir demp lot de vin doulz ,car
aincoires ap ie esparguie vn de/
nier que mon mari malprest ne scet
point . Or sus doncques chascune
se mette en ses deuoirs dist lune
et ie feray tout aprester . Tan/
dis qulles estoient ainsi empeschi
es et ne pensoient fors dacomplir
leur entencion : ie me departi en
muchettes . et sans congie me re/
tray , car grant sommeil auoie .
De la chiere quelles firent riens
nen scay fors ce que lendemain me
fut dit . mais il ny a chose di/
gne destre mise par escript car en
ce bancquet y eut tant de raisons
sans effect quil nest secretaire
tant soit publique qui en eut sceut
tenir le conte.

La continuacion de la iournee du ieudy au vendredy faitte par dame gomberde la faee.

Quant vint le vendredy a
heure acoustumee et que
les vielles matrones et autres
voisines de toutes sortes furent il
lec venues auant que dame gom/
berde le faee fust venue pour pre/
sider en son siege : elles se com/
mencerent a deuiser entrelles de la
bonnechiere quelles auoient fait/
tes le soir precedent depuis mon
departemet pquoy ie sceus coment
la nuit sestoit portee : et disoit
dame mahlie du cendrier a fleu/
rette du pre: dya voisine et comet
vous voz buuastes hier soir ie
croy que cefut pour mieulx dormir
vous touchastes de la tierce pinte.
Et ie le croy bien respondy flou/
rette, pieca ne mauint dauoir si
bonne nuit ,car ce songart ioque/
sus mon mari ne me fist ne chou
ne quoy, voire au moins qui vail
le, passe a plus de .ix. icurs ,ie
croy quil face sa nenuaine a quel/
que sainct maupreu lui puist il
faire de me ainsi esparguier mais
puis que temps auons de deuiser,
commet sachema mehault plop/
arde ,il sembloit que tout fust si/
en, et a brief dire il ny auoit que
pour elle. il seroit bon de sauoir se
elle ne resueilla point son mari
plopart au couchier. A hay res/
pondy mehault, et pour dieu quon
le laisse desormais en paix, car il
ne vault desormais plus riens et
moins que riens que male froide
iope en puist on auoir . Et com/
ment dist vne ione fille qui lescou/
toit . dame mehault vous qui es/
tes si vielle et si ancienne voul/
driez vous aincores gymberter et

et y a il en vous aincoires vaine
qui y tende : A ceste parolle mist
dame mehault ses mains a ses
costez, et en grant couroux lui res
pondy que voirement auoit elle
aincoires one verde vaine, et que
pour couchier dessoubz il ne fail
loit point regarder a leage: mais
seulement au bon voloir qui ain
coires lui estoit demoure, et que
dieu mrci aincoires fondoit le
burre en sa bouche, combien quel
le ne peust croquier noisettes, car
elle nauoit que on seul dent.

A dont vint dame Gomberde
la face pour commencer sou eu
uangile a la venue de la quele
fut faitte silence, mais ce fust a tref
grande paine, car dame mehault
estoit si malcontente de ce que
elle auoit este appellee vielle : et si
nauoit aincoires que .lxxvij. ans
que nullement ne se voloit appai
sier. Touteffois tant len pria len
quelle se teust la dieu mrci. Si
pris ma plume et mon papier, et
me mis en mon deuoir pour noter
ce quelle disoit. mais auant que
ie procede a ses chappitres : ie
vous vueil dire qui fut celle docto
relle gomberde. Elle estoit de par
sa mere dauuergne et de par son
pere de piemont. de simple et assez
belle maniere estoit deuant les

gens, car elle se disoit gentil fem
me. Mais se aucun auoit perdu
quelque chose elle se mesloit de
le renseignier. et qui eust a faire
daucune fille secrete elle en eust
fait plaisir pour gracieux vin et
cestoit la practique de quoy elle
sentretenoit le mieulx. Subtile es
toit comme il apperra par sa lec
ture. Quant elle fut assise et que
silence fut faitte elle commenca
son theume en cest maniere.

Le premier chappitre.

Or sus dist dame gomberde lais
sons toutes ribotes et debas ester
et commencons pour lonneur du
vendredy ouquel nous sommes
a parler du sainct sacrement de
mariage, car iay este sept fois
mariee. mais ce non obstant se le
viij.me venoit et il estoit a mon
het aincoires y entenderoie vo
lentiers. Et pour de lui estre fort
amee ie lui feroie mengier vne poi
re dherbes cueillies la nuit sainct
iehan a nonne. et pour vray il ne
lui seroit possible de me laissier
pour vne autre plus ione de moy
Glose. Dist belotte court talon
a ce propos que se vne femme met
toit en loreille de son mari des
plumes dun chappon qui auroit
mene iones pouchins, et du poil de
la droite patte de son chien, et

et du poil du bout de la queue de
son chat . il ne pourroit iamais
oublier lamour delle .

Le second chappitre .

Se vne femme veult estre audes
sus que son mari ne la batte . il
fault prendre toutes ses chemises
et quant le cure list la passion le
vendredi les mettre dessoubz lau
tel , et lui faire vestir le dimence
ensuiuant sachiez que tant quil
aura vestue ceste chemise : il sera
a sa femme doulx et courtois .

Le tiers chappitre .

Se vne femme veult que son ma
ri aime mieulx lun de ses enfans
que lautre : si lui face mengier des
deux debous des oreilles a son
chien la moitie et a lenfant lau
tre moitie . et pour aussi vray que
euuangile ilz sentraimeront si
fort que a pou pourront ilz estre
lun sans lautre .

Le quart chappitre .

Se vne femme veult faire que
son mari aime tous ses enfans oul
tre mesure si prende de lorine de
tous ses enfans atout eaue belle et
claire et par .ix. iours au desceu de
son mari lui en face lauer ses mains
et son visage et sans faulte il les
amera oultre mesure .

Le .v. chappitre .

Qui veult affranchir son chien
de deuenir enragie si lui donne a
mengier tous les iours au matin
du propre pain vn morseau ou
deux qui aura este porte a loffran
de le dimence derrain passe , et si
le reffuse sachiez pour vray quil
est mal dispose . Glose .

Marotte pelee dist que qui ne
veult estre assailli ne abaye des
chiens de iour ne de nuit. si ait du
bon frommage rosti et leur donne
en disant Inchamo et freno tout
au long , et pour certain ilz le lais
seront en paix . voire et se fussent
ilz rabis .

Le .vi. chappitre .

Femme qui desire que ses va
ches donnent chascune autant de
lait comme celles de ses voisines
elle doit parchascun iour son vais
sel a moudre froter de bonnes her
bes cueillies sur la nuit de saint
iehan tandis quon sonne none.
Glose . Ie croy dist icy ce
grosse motte que qui metteroit ces
herbes ainsi cueillies la nuit saint
iehan deseure lups de lestable ou
les vaches couchent en disant
que dieu les sauue et sainte bride
quelles donneront lait tous iours

tours de bien en mieulx.

¶ Le .vij.e chappitre.

Qui veult auoir de ses vaches
et plur et leste burre frais il doit
quant elles sont en sault les me/
ner deuant le thaur, et les lui lais
sier flairier sans touchier, et mener
la vache trois tours autour du
thaur, et puis lui laissier saillir
et pour vray vous aures toute
lannee frais burre.

¶ Le .viij.e chappitre.

Quant vne femme grosse en/
gambe le tymon dun char, se cest
vn filz il aura gros membre et
dur a merueilles. Et se cest vne fil/
le elle aura moult grosses leures
et vermeilles aussi bien dessoubz
comme dessus.

¶ Le .ix.e chappitre.

Femme qui iamais ne veult
perdre son bon chat quant on la
on lui doit oindre les quatre pa/
tes de burre par trois vesprees, et
iamais de cestui hostel ne se de/
partira.

¶ Le .x.e chappitre.

Ie vous dy pour aussi vray que
leuangile que se vne personne
mengue dune teste que le loup a/
ura estrangle, et de laquelle il a/
ura par auenture mengie, a gran
de paine puet icelle personne ren/
dre ame se le loup nestoit premie/

rement mort. ¶ Glose.

Au moins ne pourroit il parler
dist blotte le cornue par long
temps sil nauoit fait son offrande
a monseigneur saind loup.

¶ Le .xj.e chappitre

Quant on voit blans religieux
aler ou cheuauchier ples champs
nul ne se doit acheminer celle part
pour le lait temps qui par cous/
tume leur suruient. ¶ Glose.

Aucunes sages femmes dist mar/
got le pelee ont dit pour vray
que le rencontrer du matin dun
blanc moisne est tresmauuais si/
gne. mais le rencontre dun noir
est par le contraire bon signe vois
re mais quil nait riens de blanc.

¶ Le .xij.e chappitre.

Quant vne espousee va de sa
maison a leglise pour espouser son
fiance la meilleur de toutes les
prieres quon lui donne demeurent
a son prouffit, moiennant quelle
remercie incontinent le donneur
autrement celle priere ne lui vaul
droit riens. ¶ Glose. ¶ Dist
vne bonne galoise nommee per/
rine bleue leure de cest chappitre
ay trouue vne exepcion, car quat
ialay espouser ianot bleue leure
mon mari, ma tante me salua en
priant que ie peusse auoir bon et
roide encontre, dont ie len mer/

ciap .mais il men auint tout au /
trement, car ie le trouuap si doulz
quon le eust lye au droit neu /
quon en ait froide ioye .

¶ Le .xiij. chappitre .

On ne doit iamais mettre cou /
uer oefs de geline ne danettes par
le iour du vendredy . Car pour
vray les pouchins qui en vien /
nent sont volentiers deuorez des
opseaux et bestes sauuages .
Glose . ¶ Certainement dist ma /
roie du cendrier . iay souuent op
dire quil fault se garder de met /
tre oefz couuer le iour deuant que
la lune se reface et le iour apres
quelle est refaitte . car les pou /
chins qui en viennent ne font ia /
mais bonne fin .

¶ Le .xiiij. chappitre .

Quant a vne femme lui estopist
la gorge ce lui sont bonnes nou /
uelles que brief pra aux nopces
ou a veleuee faire grande chiere .
Mais quant la teste lui estopist,
cest signe contraire, car elle pour /
ra bien estre batue de son mari.
Glose . ¶ Perrette longues tet /
tes dist que quant la gorge esco /
pist a vn homme qui autreffois a
batu sa femme cest tout signe de
pendre .

¶ Le .xv. chappitre .

Quant on voit plente de cham /

resoris voler entour vne maison
il en fait bon deslogier, car cest vn
grant signe que temprement ony
boutera le feu.

¶ Le .xvi. chappitre.

Qui de nuit laisse sur la table
la nape estendue , et les soris vi /
ennent par nuit sur la nape men /
gier les miettes du pain qui y
sont demourrez, quiconques men /
gue lendemain sur icelle : les dens
lui deuendront noirs et tost apres
pourriront ¶ Glose . Marope
bouche dor dist a ce propos que de
mengier chault potaige , et espe /
cialment poree de choulz : on en
a les dens noirs .

¶ Le .xvij. chappitre .

Quant vn enfant est nouueau
ne se cest vn filz il le conuient
porter au pere , et lui bouter des
pieds contre la poitrine, et pour
certain iamais ne fera lenfant ma
le fin . Glose . Fr, emine faul
uele dist a ce point que quant vne
femme est acouchie dune fille il
conuient lasseoir sur la poitrine
de la mere en disant, dieu te face
predefemme, et iamais elle naura
honte de son corps .

¶ Le .xviij. chappitre .

Quant vne femme couchie a /
uec son mari et veult auoir plus
tost vn filz que vne fille elle doit

tenir fes mains clofes tandis que
fon mari fait leuure de nature, et
pour vray elle aura vn filz .
Glofe . Aucunes anciennes
matrones maintiennent que qui
veult faire vn filz il le conuient
faire au matin de iour, et vne fille
au vefpre et de nuit .

¶Le .xixe chappitre.

Vne femme qui veult auoir pe
tis enfans tandis quelle porte fe
doit defiuner au matin dune tof
tee de pain blanc en vin et fans
faulte lenfant quelle porte fera pe
tit . Glofe . Dift vne viel
le qui la eftoit, ie croy mieulx que
les petis enfans foient engendres
en faulte de la lune que autrement
car par couftume les hommes
ont lors deffaulte de moele .

¶La conclufion de la ferie du
vendredy .

Pour cefte derraine glofe
fourdy grande tumulte
entre les femmes illec affembleez
tant de rire comme de parler tou
tes enfemble , et ne fembloit autre
chofe fors que ce fuft vn mar
chie de hire hare fans ordre et
fans voloir entendre lune lautre
ne atendre la fin de leurs raifons
pourquoy quant ie vey cefte con
fufion ie ploiay mon papier , et
touppay et ferray mon efcriptoire

remis ma plume en mon coffin, et
me leuay me cuidant embler del
les, mais tantoft ie fus apperceus
daucunes delles qui me retin
drent a toute force et pour moy
firent aucun pou de filence . Cui
gaires ne dura . en laquele elles
me prierent que lendemain voul
fiffe retourner entrelles a leure a
couftumee affin de parfurnir , et
acheuer leur intencion et la chofe
encommencee , et pour mettre par
efcript le refidu des euuangiles de
dame berthe de corne qui eftoit la
derraine affemblee quelles deuoi
ent faire , et ou elles deuoient con
durre et faire fin de leurs articles
Moy confiderant le commun pro
uerbe qui fe dit . Que qui fert et
ne parfert fon loyer pert :leur oc
troiay leur requefte literalement
Et apres congie pris delles me
parti . et men alay repofer , car la
tefte auoie fort vuide pour les rai
fons trauerfaines delles que mon
entendement nauoit peu compren
dre . Si les laiffay illerques trouf
fer leurs bagues et leurs quilles
et men alay repofer .

¶La continuacion de la ferie
du vendredy a celle du famme
dy .

Le famedy foir enuiron fix
heures apres le falue de

noſtre dame / et que ieus priſe aſ-
ſez legiere refection tant pour lonneur du iour comme pour laffec-
cion que iauoie pour veoir et opr
a quel fin prenderoient nos dames concluſion de leurs euuangiles : ie apres que ieus priſes mes
agoubilles / papier plume / et en-
core me tranſportay ou lieu ou le
ſoir precedent auions aſſemble.
Et moy illec venue me aſſis en
mon lieu acouſtume / pluiſeurs
des eſcolieres eſtoient deſia venues
qui commencoient a deſuuider et
haſpler leurs fuſees . car filer ne
potoient pour lonneur du ſame-
dy et de la vierge marie . ie neus
illec gaires ſeiourne quant vint
dame berthe de corne acompaignie de pluiſeurs de ſes amies et
voiſines pour ſon euuangile lire
et continuer comme a ce faire eſtoit eſleute . Mais auant que ie
procede a ſes chappitres : ie vueil
deſcripre aucune choſe de ſa genealogie et venue . Dame berthe
de corne eſtoit de leage enuiron de
iiij.xx. ans ou plus fille auoit eſte de regnaut de corne ſage homme a merueille qui en ſon temps
auoit eſtudie a toulette en lart de
gramaire et en geomancie : depuis auoit eſte a montpellier ou il
auoit eſtudie en medecine / et ceſte

art fut dont il veſqui toute ſa vie
et introduiſt dame berthe ſa fille
en laquele elle prouffita moult / et
ſen veſqui depuis en tapinage aſ-
ſez honneſtement . Elle donques
aſſiſe en ſon ſiege et ſilence obtenue commenca ſon euuangile en
ceſte maniere . ¶ Mes bonnes
amies et voiſines puis que mon
tour eſt venu que ie vous doy faire fin et concluſion de leuure par
mes dames encommence : ie a
mon pouoir traitteray de la ſcience
que iay apriſe qui touche medecine . et men acquitteray au mieulx que porray . Si vueilliez di-
ligemment entendre et les retenir
car elles ſont dignes deſtre miſes
en voſtre memoire .

¶ Le premier chappitre .

Et pour mon premier chappitre ie vous doy qui a les fieures et
il iune le premier dimence apres
le premier iour quelles lauront
pris ſachiez pour vray quelles le
laiſſeront .

¶ Le ſecond chappitre.

Cellui qui aura les fieures tier-
ces et il porte a ſon col en vn petit
de ſoie les haulz noms lpez ſans
doubte il en garira .

¶ Le tiers chappitre .

Se vous auez mari rebelle et qui
ne vous vueille baillier argent a

neu dun feftu de fromment cueillie
auptes de terre la nuit fainct ian
tandis quon fonne nonne / et icel/
lui boutez ou trou du coffre ou
lieu de la clef : et fans faulte elle
fouurira .

¶ Le quart chappitre .

Cellui qui a les fieures quar ,
taines face tant quil treuue le
treffle a quatre fueilles, et fen def
iune par quatre iours / et pour
vray elles le laiſſeront .

¶ Le . v. chappitre .

Femme qui eft malade de la
rougerreule doit prendre de leaue
qui aura efte benoite le dimence
et dicelle en faire von chaudeau et
en humer , et pour certain elle en
garira .

¶ Le . vi. chappitre .

Pluiseurs gens parlent de la
maladie des fieures blanches qui
gaires ne fceuent que ceft / mais
elles font pires que doubles quar/
tes .touteffois fe peuent elles ga/
rir par faire vne foupe ou vaif/
fel faind george .

¶ Le . vii. chappitre

Pour garir fieures continues il
fault eftripre trois les premiers
mos de la paternofter fur vne
fueille de fauge noftre et icelle
mengier par trois matinees et il

garira .

¶ Le . viii. chappitre .

Se vne femme fe mefpaffe le
pied tellement quil foit eftors et
comme hors du lieu .il conuient
que fon mari voife en pelerinage
a monfeigneur fainct martin
pour fa fante et quil raporte des
lauemens du pied du cheual
faind martin . et diceulx laue /
mens en laue fon pied et tantoft
elle garira .

¶ Le . ix. chappitre .

Se vne femme eft malade des
varoles il conuient que fon mari
achate vn noir aigneau de lan /
nee et quil couche et lye fa femme
en la peau dicellui agneau toute
chaude , et quil face fon pelerina /
ge et offrande a fainde arragon/
de et pour certain elle en garira .

¶ Le . x. chappitre .

Se vn cheual feft eftors la
gambe ou le pied , il conuient le
cheuauchier vers foftel du preftre
et le appeller pardehors et fans
parler a lui tantoft fen retourner
et pour certain le cheual pra tout
droit comme deuant fans fentir
aucune douleur .

¶ Le . xi. chappitre .

Ie vous diroie merueilles des
cheuaux et de leurs medecines .
Mais pour ce que les hommes ne

le prengnent a leur prouffit, ie
men tairay et parleray dautre
chose, mais touteffois ie vous
vueil bien aincoires tant dire
que quant vous vees vn cheual
si terrible quil ne vuelt souffrir
quon monte sur lui, ou ne veult
entrer en vn nauire, ou sur vn
pont, dittes lui en loreille ces pa
rolles. Cheual aussy vray que
meschine de prestre est cheual au
Dyable, tu vueilles souffrir que
ie monte sur toy. Et tantost il sera
paisible et en feres vostre volen
te.

Le .xij.e chappitre.

Des amies et voisines aincoi
res vous dy pour verite que se vn
homme auoit sur lui ou portoit
en bataille la petite peau quil ap
porte du ventre sa mere: sachies
quil ne porroit estre blechies ne
naures en son corps. Glose.
Lors sourdy vne vielle matrone
dentrelles nommee iehanne tost
vestue, et dist oyant toutes que
se vn homme portoit sur lui quat
il doit aler en bataille les haulz
noms qui sont telz. Tart y va
loing te tien. Son si combat, si
ten reuien. que iamais blechies
ne seroit en la guerre.

Le .xiij.e chappitre.

Ie ne me puis retraire de tou
dis parler des choses alauantai
ge des hommes, et si scay bien
que de nous ne font gaires de
compte, car ilz tiennent leur
parlemens et gengle de nous tou
dis en la reproche de nostre sexe
mais tant vous vueil aincoires
bien dire que a femme qui a nou
uellement pris les fieures selle
oingt tous ses conduis de miel le
premier ieudy apres quelles les
aura eues: sachies quelle en sera
quitte et deliure.

Le .xiiij.e chappitre.

Quant vous voyez arondelles
faire leur nyd en aucune maison
sachies que cest tout signe de po
urete. Et se les moissons y font
leur nyd, cest signe de prosperite
et de toute bonne fortune.

Le .xv.e chappitre.

Ie vous dy aincoires pour ve
rite que qui veult boire de toutes
manieres de vins et auec toutes
manieres de gens sans estre yure
sachies quil ne fault que se des
iuner dune pomme sure au matin
et boire vn trait de fresche eaue et
sans faulte il ne sera ce iour yure
Glose. Ioly treu le fille de
moustaille dist a ce propos que
son pere pour vin quil beust onc
ques ne fut yure, mais il redari
moit tousiours sainct nycolas en

toutes ses requestes.

¶Le .xvii. chappitre.

Oés amies pour la conclusion finale de mon euuangile, ensem-ble pour lonneur du saint dimen-che qui nous approche, ie vous vueil dire vn merueilleux secret que peu dhommes sceuent. ie vous dy pour certain que les cy-goignes qui en leste se tiennent en ce pays et en puer sen retour-nent en leur pays, qui est entour le mont de synay : sont par dela creatures comme nous. Et quil appere quelles ayent raison elles donnent tousiours et paient leurs dismes a dieu quant elles ont fait des petis de lun dieeulx.

Glose.   A ceste conclusion af-fermer se leua dame abrepe lenf-fles vielle a merueilles, et dist quil estoit vray ce que dame berthe de corne auoit dit. Car elle auoit souuent oy dire a son tayon, dais van trieue que quant il a-uoit este a saincte katherine du mout de synay, et en passant les deserts auoit perdu par mortalite toute sa compaignie, il vey de loing vne creature alaquele il a la et commenca a demander son chemin en flameng. Celle creatu-re lui respondi tantost et lui en-seigna son chemin et de fait ala

longuement auec lui. Et lui deui-sa tout son estat, et comment elle estoit cygoigne par deca, et fai-soit son nyd en flandres sur los-tel de son voisin. Claes qui ceste chose ne voloit croire lui pria quelle lui baillast certaines en-seignes affin que sil pouoit ia-mais retourner ou pays quil la remerciast de sa courtoisie. Adont la cygoigne tira vn annel dor quelle auoit recueillie en la place deles sa maison et lui monstra, et tantost que dais le vey il le re-congneut, car cestoit lannel du-quel il auoit espouse mal anglee sa femme. La cygoigne lui rendy son annel par tel si quil deffende-roit aux porchiers et vachiers de son hostel quils ne lui feissent plus de moleste comme para-uant ils auoient acoustume a fai-re. Et apres ces promesses prist mon tayon congie et sen retour-na abruges ou depuis vesqui si bien quil estoit gros de .xiiii. palmes de tour quant il mo-rut

¶Grande risee fut illec faitte de toutes les assistentes, que desia a-uoient laue leurs cheueulx et des-vuidie leurs fusees, et estoient prestes de trousser leurs quilles

et agoubilles dont ie fus moult
ioyeux, car certes ie men com-
mençoie fort a taner, pour ce que
ce quelles auoient dit me sem-
bloient choses toutes sans aucune
raison ou aucune bonne confe-
quence, comme iauoie au commencement pense. Mais pour me
monstrer non parcial ne aussi vi-
lipendeur ne despriseur de leurs
volentez, ie adempt chiere ioyeuse, et non pas trop attendi entrelles quele fin elles metteroient en
leurs euuangilles et auctoritez : et
comment mon honneur sauue ie
prenderoie congie delles. Il nestoit aincoires apparent que silence fust entrelles, pourquoy ie me
mis en la veue delles affin que p
mon regard elles eussent aucune
vergoingne et honte de leur affai-
re que certes estoit moult desrigle
comme dune bataille faillie. En
fin les six qui auoient este inuen-
terelles et presidentes toute la sepmaine vindrent vers moy, et me
remercierent moult de la paine que
prise auoie pour elles, et pour mon

salaire me promirent apres se les
requeroie de me auanchier enuers
quelque damoiselle. Dont ie les
remerciay en moy excusant par
vne auctorite ioyeuse qui se dist
communement. Cest que quant
vn cheual va boire sans quon
lui maine, et vn homme va a com-
plie atout vn baston : Certes ces
deux ont passe leur temps : de ces
deux bestes ien suis lune.

Conclusion de lacteur.

Vous messeigneurs et mes dames qui cest petit traittie lirez, ou
auez leut prenez le en passetemps
doyseuse ie vous prie, et nayez regard a aucun des chappitres
quant au regard dacune apparence de verite ne daucune bonne
introduction, mais prenez le tout
estre dit et escript pour demonstrer
la fragilite de celles qui ainsi se
deuisent souuent quant ensamble
se treuuent. Et aincoires plus en
ay oy delles, mais il doit souffire
quant apresent, pour ma part vn
autre vendra qui les augmen-
tera.

9 782019 919696